T0168651

CANTO
HONDO
DEEP SONG

Camino del Sol

A Latina and Latino Literary Series

CANTO
HONDO
DEEP SONG

Francisco X. Alarcón

THE UNIVERSITY OF
ARIZONA PRESS

TUCSON

The University of Arizona Press
www.uapress.arizona.edu

© 2015 Francisco X. Alarcón
All rights reserved. Published 2015

Printed in the United States of America
20   19   18   17   16   15   6   5   4   3   2   1

ISBN-13: 978-0-8165-3128-8 (paper)

Cover designed by Leigh McDonald
Cover art by Tino Rodriguez

Publication of this book is made possible in part by proceeds of a permanent endowment created with the assistance of a Challenge Grant from the National Endowment for the Humanities, a federal agency.

Library of Congress Cataloging-in-Publication Data
Alarcón, Francisco X., 1954– author.
 Canto hondo = Deep song / Francisco X. Alarcón.
   pages cm — (Camino del sol)
 Poems.
 Summary: "This is a collection of 100 poems in both English and Spanish inspired by the Spanish poet Federico García Lorca"—Provided by publisher.
 ISBN 978-0-8165-3128-8 (pbk. : alk. paper)
 1. American poetry—Mexican American authors. 2. Mexican American poetry (Spanish)
I. Alarcón, Francisco X., 1954– Poems. Selections. II. Alarcón, Francisco X., 1954– Poems.
Selections. Spanish. III. Title. IV. Title: Deep song. V. Series: Camino del sol.
 PS3551.L22A58 2015
 811'.54—dc23
                    2014024036

♾ This paper meets the requirements of ANSI/NISO Z39.48-1992 (Permanence of Paper).

to Javier Pinzón
and Juan Pablo Gutiérrez
the two lights
of my life

Empieza el llanto
de la guitarra . . .
¡Oh, guitarra!
Corazón malherido
por cinco espadas

de "La guitarra"

The weeping
of the guitar begins . . .
Oh, guitar!
Heart deeply wounded
by five swords

from "The Guitar"

Federico García Lorca
Poema del cante jondo (1931)

CONTENIDO / CONTENTS

CANTO
HONDO
DEEP SONG

I

CANTO VIVO
LIFE SONG

VIVO O MUERTO

he muerto
tantas veces
de noche

que no sé
cómo aún canto
vivo o muerto

SOBREVIVIENTE

he perdido
todo menos
la esperanza

SAL DE LA TIERRA

mismo
origen
amargo—

sudor
sangre
mar

ALIVE OR DEAD

I've died
so many times
at night

I don't know
how I still sing
alive or dead

SURVIVOR

I've lost
everything
but hope

SALT OF THE EARTH

same
bitter
origin—

sweat
blood
sea

ECCE HOMO

enterrado
muy hondo
llevo mi dolor

como espina
me punza
en mi interior

si río mucho
comienzo
a sangrar

SABIDURÍA

antes todo
lo sabía

ahora
cuestiono

lo poco
que sé

LOS OJOS

heridas con
las puntadas
abiertas

ECCE HOMO

buried deep
within me I carry
this pain of mine

like a thorn
it pierces me
from the inside

if I laugh too
much I start
to bleed inside

WISDOM

once
I knew it all

now
I question

the little
I know

EYES

wounds
with open
stitches

PENA PERPETUA

culpable
he sido
toda mi vida

desde
el día
que nací

juzgado
como el peor
de los peores

no espero
compasión
ni perdón

mi sentencia
es sin libertad
condicional—

condenado estoy
a escribir poemas
de por vida

EN EL AIRE

escribo
con la punta
de mi lengua

LIFE SENTENCE

I have been
guilty
all my life

since
the day
I was born

judged
the worst
of the worst

I expect
neither mercy
nor early release

my sentence
is without
any parole—

I'm condemned
to write poems
for life

ON AIR

I write
with the tip
of my tongue

LAMENTARIO

es triste
ser vaso
y nunca
llenarse

ser puerta
y siempre
quedarse
atrancada

ser cama
y sentirse
mortaja
no lecho

es triste
ser uno
y nunca
sumar dos

ser ave
sin nido
ser santo
sin vela

ser solo
y vivir
soñando
abrazos

LAMENTATIONS

how sad
to be a glass
and never
be filled

to be a door
and remain
forever
locked

to be a bed
and feel like
a deathbed
not a bedstead

how sad
to be one
and never
add up to two

to be a bird
without a nest
a saint without
a lit candle

to be alone
and live on
dreaming up
embraces

CANTO VIVO

ante   el graznido
el ruido   de los patos
mundanal   en pleno vuelo

que   el llanto
me ahoga   callado
el alma   de mi madre

decido   el ronquido
escuchar   de este extraño
a las nubes   en mi cama

dar   que entre
testimonio   la neblina
del canto   de los sueños

que hallo   se pone
dondequiera   a recordar
en la vida: este poema

LIFE SONG

before   the quacking
this noise   of ducks
all around   in full flight

that   the quiet
drowns   weeping
my soul   of my mother

I decide   the snoring
to listen   of this stranger
to clouds   in my bed

bear   who
witness   in the mist
to the song   of dreams

I find   starts
everywhere   recalling
in life: this poem

METAPOÉTICA

la vida—
el verdadero
poema

LIBRES POR FIN

a mi hermana
sola en su cuarto
la oigo llorar

ahora las alas
a sus sueños
le quieren cortar

cómo decirle
"un día por fin
seremos libres"

EL OLVIDO

es el guijarro
que llevamos
en el zapato

lo sufrimos
en el trajín
de los días

podremos no
recordar pero
nunca olvidar

METAPOETICS

life—
the true
poem

FREE AT LAST

I hear my sister
crying all alone
in her room

now they want
to cut off the wings
of her dreams

how do I tell her
"some day at last
we shall be free"

OBLIVION

it's the pebble
we carry
in our shoes

we suffer daily
in our turmoil
of our lives

we may not
recall it but
never forget

VUELTAS

tras la puerta
de la cocina

hay un niño
que llora

me doy
la media vuelta

ahora un joven
dice adiós

me doy
la vuelta entera

veo a un señor
con canas

parece a solas
preguntarse

"¿y el niño?
¿el joven?"

ESPEJO

¿acaso
ya somos
esa gente
que un día
detestamos?

TURNS

behind
the kitchen door

there's a child
crying

I make
a half turn

now a young man
says good-bye

I make
a complete turn

I see an old man
with graying hair

all alone
he seems to ponder

"and the child?
the young man?"

MIRROR

are we now
perchance
those people
we once
despised?

ÉXODO PERSONAL

I

he venido de un lado
a otro dondequiera
sin saber siquiera

a esta orilla donde
los sueños llegan
a un abrupto fin

no más tierra hay
al oeste de aquí
solo mar abierto

me paro al filo
de la Covada
del Diablo

me veo
descender
hasta la playa

juntarme con
amigos bajo un sol
veraniego tentador

pero este día
todo es niebla
lluvia y frío

una gaviota vuela
solitaria muy alto
en forma circular

hoy estoy solo—
la vida a esto
se reduce

PERSONAL EXODUS

I

I've come somehow
from somewhere
to nowhere

to this edge
where dreams
abruptly end

no more land
remains out West
only open sea

I stand on
a cliff over
Devil's Cove

I see myself
descending
to the beach

joining friends
under a tempting
Summer sun

but today
it's all fog
rain and cold

a lone seagull
flies in circles
high overhead

today I am
alone—life
comes down to this

los pastos
de las veredas
acaban pisoteados

estas rocas
son alisadas por
las olas del mar

todo alrededor
transformándose
en algo más

II

he descendido
de la montaña
con manos vacías

no tengo esposa
ni hijo ni hija
que me aguarde

no escuché
que me llamara
una gran voz

ni vi arbusto
alguno en llama
sobrenatural

ninguna luz
ni efecto especial
jamás para mí

pero algo así
como este vacío
dentro de mí

lo siento igual
en muchos más

the grass
gets trampled
on pathways

these rocks
are polished
by sea waves

everything around
transforming into
something else

II

I've come down
the mountain
empty-handed

I have no wife
no son or daughter
awaiting me

I heard no voice
calling out
my name

nor did I see
any supernatural
burning bush

no lights
no special effects
ever for me

and yet something
like this void
within me

I sense
in many others

no solo en mí

DIOS EN LA CALLE

mis puertas las dejo
abiertas sin asegurar

los extraños me parecen
familiares como amigos

a todos abrazaría
y besaría en la calle

donde hallo a Dios
andando todos los días

en vez de llorar
por algo solo sonrío—

ahora quiero poner
el mundo al revés

nada me convence—
debo de estar loco

LA VIDA

muy importante
para ser tomada
muy en serio

LENGUAJE

sin sentido

not just me

GOD ON THE STREET

I leave my doors
open and unlocked

strangers look to me
as familiar as friends

I would embrace and
kiss all on the street

where I find God
walking every day

instead of crying
somehow I just smile—

now I want to turn
the world upside down

nothing sways me—
I must be crazy

LIFE

too important
to be taken
too seriously

LANGUAGE

nonsense

que tiene
sentido

that makes
sense

CREDO VIVO

LIFE CREED

no
creo
siento
toco

I don't
believe
I feel
touch

lloro
sangro
¡estoy
vivo!

cry
bleed
I am
alive!

PERDÓN

SORRY

mi karma
atropelló
a tu dogma

my karma
just ran over
your dogma

vacas sagradas
hacen buenas
hamburguesas

sacred cows
make great
hamburgers

EL SILENCIO

SILENCE

a veces
dice más que
muchas palabras

at times
it says more
than many words

NOS-EN-OTROS

al fin
en otros
nos hemos
de hallar

LENGUA DE FUEGO

siempre
muy honda

esta llama
viva

llamada
deseo

INVOCACIÓN
NOCTURNA

cierro los ojos
beso la noche
en la boca

invoco
las cuatro
direcciones—

ahora
soy nube
estrella

un nopal
listo para
florecer

US-IN-OTHERS

in the end
we shall find
ourselves
in others

TONGUE OF FIRE

always
innermost

this burning
flame

named
desire

NIGHT
INVOCATION

I close my eyes
kiss the night
on the mouth

invoke
the four
directions—

now I am
a cloud
a star

a cactus
ready to
bloom

II

DIALÉCTICA DEL AMOR
DIALECTICS OF LOVE

DIALÉCTICA DEL AMOR

para el mundo
no somos nada
pero aquí juntos
—tú y yo—
somos el mundo

DIALECTICS OF LOVE

to the world
we are nothing
but here together
—you and I—
are the world

INSTANTÁNEOS

Mazatlán, Sinaloa

nos vimos
conectamos
nos venimos

IN A SNAP

Mazatlán, Sinaloa

we met
connected
came together

ÁRBOL DE NOCHE

la puesta de sol
más larga
contigo
la pasé

tú
juntando
conchitas
de mar

yo
un árbol
de noche
ya en flor

NIGHT TREE

with you
I spent
the longest
sunset

you
gathering
seashells
in the surf

I
already
a night tree
in full bloom

EROS

no hay
llave
para tu
puerta

solo
lengua
para tu
cerradura

EROS

there is
no key
for your
door

only
a tongue
for your
keyhole

LOST AND FOUND

haciendo el amor
encontramos
en la cama

la llave
del cuarto de hotel
que habíamos perdido

LOST AND FOUND

making love
we found
on the bed

the key
to the hotel room
we had lost

CONTIGO

no tengo
casa—
tengo hogar

WITH YOU

I don't have
a house—
I have a home

MANEJANDO A CASA

comienzo
a pasarme
semáforos

DRIVING HOME

I begin
running
red lights

NOCHES FRÍAS

sonríes
sonrío—
innecesaria
la calefacción

COLD NIGHTS

you smile
I smile—
no need
for a heater

ELOCUENTES

así dejamos
a las manos
solas hablar

ELOQUENT

so we let
our hands do
all the talking

EXPLORADOR

tu pubis—
la última
foresta

EXPLORER

your pubis
the last
forest

CALIENTE

empiezas
a apuntar
al cielo

BÉSAME

hasta hacer
a mis labios
florecer

GOZO

en tu pelo
huelo
al Paraíso

PELLÍZCAME

para
saber
si sueño

HORNY

you start
pointing
to the sky

KISS ME

till making
my lips
bloom

JOY

in your hair
I smell
Paradise

PINCH ME

in case
I'm just
dreaming

TONTO

mordiéndome
las orejas
me susurras:
"cálmala tonto"

FOOL

biting my ears
you whisper,
"take it easy
you fool"

CIGARROS

ardemos
cada uno
en la boca
del otro

CIGARS

we burn
in each
other's mouth

CLÍMAX

de pronto
en la punta
de la lengua
¡una galaxia!

CLIMAX

suddenly
on the tip
of our tongues
—a galaxy!

BENDICIÓN

hacer
el amor
enamorado

BLESSING

to make
love
in love

TALENTO NATURAL

"no soy poeta"
me dices tras un
gran poema vergón

NATURAL TALENT

"I'm not a poet"
you tell me after
a well-hung poem

TERRA INCOGNITA

ahora
resultas ser
un continente

donde
me puedo pasar
toda la vida

y nunca
de veras acabar
de explorarte

TERRA INCOGNITA

now you
turn out to be
a continent

where
I can spend
my whole life

and never
really finish
exploring you

DORMIDO EN CAMA

me levanto
sin hacer ruido
y tú sigues ahí

igual a un osito
de peluche
tamaño natural

ASLEEP IN BED

I get up quietly
while lying
there still

you remain
a life-size
teddy bear

MÚSICO

mi vida
has hecho
canción

RENACIDO

tus brazos
 tus ojos
  tus manos

me han enseñado
cómo abrazar
ver y acariciar

a descifrar
el misterio de
las noches tiernas

tú me has devuelto
enteros otra vez
mi cuerpo y alma—

en la felicidad
de tu pecho
vuelvo a renacer

MUSICIAN

my life
you turned
into song

BORN AGAIN

your arms
 your eyes
  your hands

have shown me
how to embrace
see and caress

to decipher
the mystery
of tender nights

you gave me back
my body and soul—
whole once again

in the bliss
of your chest
I'm born again

CONOCIMIENTO COMÚN

yo sé
tú sabes
todos
saben

y aún así
nadie
parece
saber

FRONTERA

ninguna
frontera
podrá
separarnos

ningún
voto podrá
ya deshacer
nuestra unión

COMMON KNOWLEDGE

I know
you know
everybody
knows

and yet
nobody
seems
to know

BORDER

no
border
can ever
separate us

no
vote can
now undo
our union

III

CANTO HONDO
DEEP SONG

CALIFORNIA EN GRANADA

desde la Torre
de la Vela
de la Alhambra

divisé
la Sierra Nevada
de Granada

cuando oí
su dulce
campanada

creí
que tu voz
me llamaba

¡ay amor
desde la otra
Sierra Nevada!

ROSAS MORAS

un rosal
trepa
la muralla

florece
borbotones
carmesí

¡ay!
de sangre
mora—

la piedra
angular
nazarí

CALIFORNIA IN GRANADA

from
the Watch Tower
of the Alhambra

I looked at
the Sierra Nevada
from Granada

hearing
the soft toll
of its bell

I thought
it was you
o my love

calling me
from the other
Sierra Nevada!

MOORISH ROSES

a rosebush
climbs up
the stone wall

it blooms
splashes
of red

ay!
of Moorish
blood—

the ancient
Nasrid
cornerstone

NARANJA DEL DESEO

no hay nada
como comer

a mordiscos
en Granada

una naranja
en el jardín

prohibido
de la Sultana

SOÑANDO

Federico—
me recuesto
sobre tu cama

en tu casa
familiar del huerto
en Granada

un nuevo mundo
quiero soñar
una vez más

CANTOS DEL ALMA

los cantos
de mi pueblo
se oyen igual

al llanto
hondo del alma
de los gitanos

ORANGE OF DESIRE

there's nothing
like nibbling

an orange
in Granada

in the forbidden
orchard

of the Sultan's
main wife

DREAMING

Federico—
I lie down
on your bed

in your family's
country house
in Granada

a new world
I want to dream
all over again

SOUL SONGS

the songs
of my people
sound like

the deep cry
of the soul
of Gypsies

CORAZÓN GITANO

¡ay!

cómo
se desgrana
la granada

¡ay!

cómo
manchan
sus rubíes

¡ay!

cómo
curar
esta herida

¡ay!

que nos
agujera
el corazón

SIERRA NEVADA

en invierno
de novia
te vistes

para pasar
todo el año
llorando ríos

GYPSY HEART

ay!

how
the pomegranate
comes apart

ay!

how
its ruby grains
stain

ay!

how
to treat
this wound

ay!

that pierces
a hole
in our hearts

SIERRA NEVADA

in Winter
you put on
a bride's gown

and then spend
all year around
weeping rivers

LA CIUDAD

la ciudad
es un libro
abierto—

cada traseunte
un poema
andante

POÉTICA QUANTUM

un poema no
tiene principio
ni fin

entre menos
hace más

como luminoso
agujero negro
de palabras

YERBA BUENA

Distrito Financiero
San Francisco, California

abajo de todo—
todavía arena
y yerba buena

THE CITY

the city is
an open
book—

every stroller
a walking
poem

QUANTUM POETICS

a poem has
no beginning
nor end

with less
it does more

as a luminous
black hole
of words

YERBA BUENA

Financial District
San Francisco, California

beneath it all—
still sand dunes
and wild mint

BARRIO CHINO

perdemos
los ojos
entre

puestos
de verduras
exóticas

patos
colgados
en vitrinas

filas de
baratijas
sin fin

tras cenar
los volvemos
a hallar

con mensajes
en galletitas
de buena suerte

CHINATOWN

we lose
our eyes
among

stalls
of exotic
vegetables

ducks
hanging
in windows

rows
of endless
trinkets

we find
them again
after dinner

with messages
tucked inside
fortune cookies

HOY

el mundo
me duele
aún más

me hieren
las miradas
los saludos

me pesan
los árboles
las flores

me queman
los rayos
del sol

ando
sin rumbo
alrededor

un pájaro
con las alas
rotas

¡ay!
en el pecho
se me muere

TODAY

the world
afflicts me
even more

glances
greetings
hurt me

trees
flowers
sadden me

the sun
and its rays
burn me

I walk
around
aimlessly

a bird
with broken
wings

ay!
is dying
on my chest

LAS CALLES LLORAN

La Misión
San Francisco, California

¡ay!

en esta
esquina
lo mataron

¡ay!

por
la espalda
lo balearon

¡ay!

gritan
las calles
del barrio

¡ay!

¡qué roja
la sangre
a los 16 años!

THE STREETS ARE CRYING

Mission District
San Francisco, California

ay!

here
on this corner
they killed him

ay!

through
his back
they shot him

ay!

the streets
of the barrio
cry out

ay!

how red
the blood
of a 16-year-old!

VOZ SIN VOZ

tras mirar la foto
de dos mexicanos linchados
en Santa Cruz, California,
el 3 de mayo de 1877

"¡soy
inocente!"
intento
gritar

pero
esta soga
al cuello
no me deja

siento
los golpes
escucho
los insultos

los gritos
las risas
la locura
del gentío

de pronto
mis pies
no sienten
ya la tierra

me veo
yo mismo:
un fruto
sombrío

colgado
muy alto
de un árbol—
desangrando

VOICELESS VOICE

upon looking at a photo
of two Mexicans lynched
in Santa Cruz, California,
on May 3, 1877

"I am
innocent!"
I try
to shout

but
this rope
on my neck
doesn't let me

I feel
the blows
I hear
the slurs

the clamor
the laughter
the madness
of the crowd

suddenly
my feet
no longer feel
the ground

I picture
myself—
a somber
fruit

hanging
up high
from a tree—
bleeding

LUNA LLORONA

dicen que es
el fresco rocío
del amanecer

la brisa nocturna
que viene
del mar

mas yo sé
la luna llena
es la que llora

sus lágrimas
hacen florecer
al nopal

es la luna azteca
que por todo
su pueblo llora

WEEPING MOON

some say
it's the fresh dew
of the new day

the night breeze
coming from
the sea

but I know
it's the full Moon
who weeps

her teardrops
make the cactus
bloom

it's the Aztec Moon
who weeps for all
of her people

MI MADRE Y EL MUNDO

mi boca es la herida abierta
de mi madre que habla

estas palabras respiran la vida
que le reclamó al silencio

sus manos callosas dicen una larga
historia de arduo trabajo manual

a los cincuenta aprendió a manejar
—desde entonces no es la misma

cuando mi padre hablaba sin parar
mi madre se ponía a sonreír

al ver los diplomas universitarios
de sus siete hijos en la pared.

recordando la pena de su madre
en la frontera con México en 1931

su madre lloraba en silencio
frente a la aduana de Nogales

bajo la noche estrellada del desierto
prometiéndose regresar al Norte

mi madre tenía doce años de edad
y con cinco hermanos en la troca

de su padre se marchaba al sur
a un país donde nunca había estado

MY MOTHER AND THE WORLD

my mouth is the open wound
of my mother speaking

these words breathe the life
she reclaimed from silence

her calloused hands tell
a long tale of hard manual labor

at fifty she learned how to drive
—she hasn't been the same since

when my father talked nonstop
my mother would crack a smile

staring at the college diplomas
of her seven children on the wall

remembering her mother's grief
at the Mexican border in 1931

her mother weeping in silence
in front of *la aduana* in Nogales

under the starry desert night
promising to return to El Norte

my mother was twelve years old
with five of her brothers on the back

of her father's truck heading south
to a country she'd never been to

"nosotros los mexicanos de aquí
entonces éramos presa fácil"

así por años mi madre vivió
en México como ilegal

"el mundo sigue siendo
un lugar muy chueco"

afirma mi madre en la cocina
empuñado un cuchillo para rebanar

ninguna fuerza puede desarmar
a esta mujer que por fin se encontró

¡sí! ¡el mundo se salvará cuando
cuando las mujeres reclamen su poder!

"we Mexicans in the U.S.
had then become easy targets"

so for years my mother lived
as an illegal alien in Mexico

*"el mundo sigue siendo
un lugar muy chueco"*

("the world is still
a very crooked place")

she states firmly in the kitchen
slicing knife in hand

no force can disarm this woman
who finally found herself

yes! the world will be saved
when women reclaim their power!

CANTO HONDO

después que la aprobación de tantas medidas legales contra trabajadores
indocumentados—la mayoría mexicanos y centroamericanos—
a través de los Estados Unidos

¿por qué
me escupes
la cara?

¿qué papeles
tiene
el sol?

puedes
negarme
la escuela

¿qué mal
te puedo
hacer yo

¿qué crimen
cometen hoy
los sueños?

echarme
la culpa
de todo

por tener
morena
el alma?

¿qué ley niega
el fruto de
mi labor?

construir
otro Muro
de Berlín

¿por qué
me cierras
las puertas

¿qué ganas
con robarme
la calma?

pero nunca
podrás
jamás

después
que pongo
la mesa

¿acaso
te alegra
mi dolor?

apagar
este fuego
esta lucha

y doblo
las últimas
sábanas?

¿te hace
más rico
mi pobreza?

por la vida
que arde
en mi corazón

DEEP SONG

after the passage of so many legal measures against undocumented
workers—mostly Mexican and Central Americans—
throughout the United States

why do
you spit
in my face?

what harm
can I ever
do to you

by having
a brown
soul?

how come
you throw
me out

after
I've served
you dinner

and folded
the last
white sheets?

does the Sun
need any
papers?

does having
dreams now
become a crime?

what law
denies the fruits
of my labor?

why then
do you steal
my calm?

does my grief
give you
any joy?

does my poverty
make you
any richer?

you can
deny me
an education

blame
me for
Everything

build
another Berlin
Wall

but you
will never
be able

to extinguish
this fire
this struggle

for life
burning
in my heart

VIERNES SANTO

al dar   las penas
el reloj   nos alivia
las tres   María

California es   Judas
Calvario   nos echa
otra vez   la policía

por todo   familias
el Valle   enteras puestas
Central   en cruz

se oye   y la voz
un gemido   del buen
general   Jesús:

nos clava   "¡perdónalos
con su luz   Padre
el sol   mío!

la tierra   ¡porque
tiembla   no saben
de dolor   lo que hacen!"

GOOD FRIDAY

at three   Mary
o'clock in   eases
the afternoon our pains

California   Judas calls
is again   the cops
Calvary   on us

a general   whole
loud wail   *familias* are put
is heard   on a cross

throughout and the voice
the Central of good
Valley   Jesus:

the Sun   "forgive
nails us   them
with light   Father!

the Earth   for they
trembles   know not
with grief   what they do!"

FAMILIAS MIGRANTES   MIGRANT FAMILIES

¡cuac! ¡cuac! ¡cuac!

los patos en pleno vuelo
repiten muy alto al pasar
para una gran "V" formar
en el cielo gris otoñal

¡cuac! ¡cuac! ¡cuac!

¿es así como prometen
una vez más retornar
como la gente que se va
al sur rumbo a su hogar?

quack! quack! quack!

the ducks in full flight
repeat loudly as they pass by
forming a big "V"
up high in the gray Autumn sky

quack! quack! quack!

is this how they vow
to return one more time
as the folks leaving town
to go home southbound?

POEMA SIN FRONTERAS BORDERLESS POEM

Tucson, Arizona

Tucson, Arizona

este poema tiene
rasgos indígenas
y una piel morena

this poem has
indigenous features
and a brown skin

como la Madre Tierra
siempre causa será
de "sospecha razonable"

like Mother Earth
it always will be under
"reasonable suspicion"

este poema recorría
el desierto abierto antes
cualquier alambre de púas

this poem roamed
the open desert before
any barbed wires

hoy corre tumultuoso
como un arroyo tras
una lluvia tormentosa

now it runs tumultuous
like a creek after
a monsoon rain

este poema respira
el aire libre de cargos
como nube en el cielo

this poem breathes
the air free of charge
like a cloud in the sky

no tiene necesidad
de papeles legales
pues no tiene fronteras

it has no need
for legal papers
because it is borderless

este poema no cree
en ningún crisol
mítico impuesto

this poem doesn't
believe in any imposed
mythical melting pot

sueña los sueños
prohibidos de saguaros
nativos de esta tierra

it dreams the forbidden
dreams of the saguaros
the natives of this land

este poema se escapa
de cajas de libros vetados
para marchar y protestar

this poem is breaking away
from boxes of banned books
to join protests and walkouts

MANIFIESTO POÉTICO

POETIC MANIFESTO

a "Poetas Respondiendo a la SB 1070"

to "Poets Responding to SB 1070"

cada poema es un acto de fe	each poem is an act of faith
en el poder de la Palabra	in the power of the Word
una flor cedida de mano a mano	a flower passed hand to hand
y enraizada en el corazón	and rooted in the heart
una oración/canto iluminando la noche	a prayer/chant lighting the night
una canción entre tanto ruido	a song amid so much noise
un murmullo de ramas de árbol	a murmur of tree branches
al mero filo del gran desierto	at the very edge of the big desert
rompiendo las fronteras de la desesperanza	breaking down the borders of despair
plantando las semillas de la renovada esperanza	sowing the seeds of renewed hope
cada poema es un llamado a la acción	each poem is a call for action

es decir "sí"
al régimen del "no"

un desafío
al silencio social

construyendo confianza
en respuesta al temor

un testimonio
del alma humana

reconociendo
que a pesar de todas

nuestras diferencias
y peculiaridades

todos respiramos
amamos y soñamos

celebramos y sufrimos
bajo un mismo Sol

is saying "yes"
to the rule of "no"

a defiance
to social silence

building trust
in response to fear

a testimony
of the human soul

recognizing
that in spite of all

our differences
and pecularities

we all breathe
love and dream

celebrate and suffer
under the same one Sun

LA VERDAD HABLANDO EN LENGUAS

TRUTH SPEAKING IN TONGUES

*tras la ley **HB 2281** de Arizona*
contra clases de Estudios Chicanos
en escuelas secundarias públicas

*after Arizona law **HB 2281***
outlawing Chicano Studies classes
in public high schools

nadie puede borrar
con un mero plumazo
la historia real

no one can erase
by the mere stroke of a pen
the true history

de esta tierra árida
las lágrimas, la sangre
derramada, los sufrimientos

of this arid land
the tears, the blood shed
all the sufferings

todas las memorias
los logros, las glorias, los gozos
y las penas también

all the memories
achievements, glories, joys
and sorrows as well

de todos los pueblos
que son las raíces y forman
el meollo de este árbol social

of all the peoples
who are at the roots, and form
the core of this social tree

ningún redada más a ranchos
ninguna quema de libros
ningún árbol para linchar

no more ranch raids
no burning of books
no lynching trees

nadie puede excluirnos
exiliarnos de nuestros sueños
—esta es nuestra nación también—

no one can exclude us
exile us from our own dreams
—this is our nation too—

el silencio se puede imponer
pero sólo temporalmente
porque al final

silence may be imposed
but only temporarily
because at the end

la verdad vencerá
aun hablando en lenguas
ante grandes mentiras de estado

truth will win out
even speaking in tongues
against big state lies

PALOMA DEL DESIERTO

San Xavier del Bac
paloma del desierto
con alas blancas

San Xavier del Bac
blanca flor de nopal
en la lejanía

emprendes vuelo
surcando el cielo azul
hacia el Sol

dulcísima tuna
y a la vez amarguísimo
fruto histórico

plegaria hecha
de ladrillos, adobes, cal
muro celestial

corona floral
de mezquites en amor
primaveral

misión espiritual
bastión y sueño colonial
cruz dolorosa

¡ay! bendición que hace
a todos los Tohono O'odham
por igual reír y llorar

labor forzada
látigo, sudor, llanto
tumba indígena

¡ay! milagrosa joya
del arrabal imperial
Llorona sin par

prisión, refugio
campo de concentración
locura mística

¡ay! madre global
de nativos de esta tierra
sin documentación

castillo, iglesia
sinagoga, mezquita
santuario real

mayas, huastecos
mixtecos, zapotecos
nahuas y yaquis

hábitos negros
reemplazados sin más
por frailes grises

mestizos y anglos
buscando su pasado
presente y futuro

por decreto real
"secreto del corazón
de su majestad"

¡ay! Luna del campo
anunciando el nuevo Sol—
la flor de la redención

DOVE OF THE DESERT

San Xavier del Bac
dove of the desert
with open white wings

San Xavier del Bac
white cactus flower
in the distance

taking full flight
soaring the blue sky
toward the Sun

the sweetest prickly pear
and at once the bitterest
historic fruit

prayer made of bricks
adobes, limestone
celestial murals

floral crown
of mesquites in love
during Springtime

spiritual mission
colonial dream, fortress
sorrowful cross

ay! a blessing that makes
all Tohono O'odham
both laugh and cry

forced labor
whip, sweat, weeping
indigenous tomb

ay! miraculous jewel
on the imperial fringes
peerless Llorona

prison, refuge
concentration camp
mystic madness

ay! global mother
of natives of this land
without documents

castle, church
synagogue, mosque
royal sanctuary

Mayas, Huastecs
Mixtecs, Zapotecs
Nahuas and Yaquis

black robes
replaced one day
by gray friars

Mestizos and Anglos
seeking their past
present and future

by royal decree
"a secret in the heart
of his majesty"

ay! countryside Moon
announcing the new Sun—
the flower of redemption

DULCE LENGUA

dulce lengua
tú que dejas
en las bocas
sabor de anís

madre lengua
tú que arrullas
tierna las cunas
con son infantil:

"toronjil de plata
torre de marfil
este niño lindo
*ya se va a dormir"**

lengua maestra
tú que enseñas
lo fácil que es
leer y escribir:

"naranja dulce
limón partido
dame un abrazo
*que yo te pido"**

lengua resfrescante
tú que brotas
como agua fresca
de manantial

lista para saciar
la sed del saber
de muchos pueblos
y continentes

lengua del cielo
y de la tierra
lengua del alma
y la conciencia

inspíranos
a celebrar
la grandeza
de nuestra gente

y a aceptar
como tesoro
todos los colores
de tu arco iris

lengua bastión
danos valor
compasión
y razón

para seguir
diciéndole
al pan pan
y al vino vino

que somos
tus cachorros
extraviados:
tu promesa

que queremos reír
soñar y amar
en esta muy dulce
lengua nuestra

*Canciones de cuna de la tradición hispana

SWEET TONGUE

sweet tongue
you who leave
a taste of anise
in our mouths

tongue from Heaven
and the Earth
tongue for the soul
and consciousness

mother tongue
you who tenderly
lull babes with
a cradle song:

inspire us
to celebrate
the greatness
of our people

"toronjil de plata
torre de marfil—
este niño lindo
ya se va a dormir"*

and accept
as a treasure
all the colors
in your rainbow

instructing tongue
you who show
how easy it is
to read and write

empowering tongue
give us courage
compassion
and reason

"naranja dulce
limón partido
dame un abrazo
que yo te pido"*

to continue
calling things
by their common
Spanish names

refreshing tongue
you who sprout
like fresh water
from a spring

we are indeed
your long lost
wild puppies—
your promise

ready to quench
the learning thirst
of many peoples
and continents

we wish to laugh
dream and love
in this so sweet
tongue of ours

*Traditional Spanish-language lullabies

UN POETA ES UN RÍO

a José Montoya (1932–2013), poeta laureado chicano, quien para
celebrar su libro InFormation: 20 Years of Joda, *decidió recitar poemas*
en La Raza | Galería Posada en Sacramento, el 24 de abril de 1993,
el mismo día en que César Chávez falleció

un poeta
es un río

que fluye
desapercibido

acariciando
piedras

moviendo
sedimentos

de un lugar
a otro

labrando
cañones

hasta llegar
al mar

un poeta
es un soplo

de aire fresco
dondequiera

un poeta
es un espejo

una mano
empuñada

una nariz
que sangra

un poeta
es una sonrisa

lágrimas
y risas

un poeta
se vuelve

una mesa
una guitarra

una casa
el barrio

habla
en lenguas

revive
a los muertos

y hace
posible

soñar
en los campos

A POET IS A RIVER

*to José Montoya (1932–2013), Chicano poet laureate, who decided to
celebrate his book* InFormation: 20 Years of Joda, *by reading poems
at* La Raza / Galería Posada *in Sacramento, on April 24, 1993,
the same day César Chávez passed away*

a poet
is a river

flowing
unnoticed

caressing
stones

moving
silt from

one place
to another

carving
canyons

all the way
to the sea

a poet
is a puff

of fresh air
anywhere

a poet
is a mirror

a clenched
fist

a bleeding
nose

a poet
is a smile

laughter
and tears

a poet
becomes

a table
a guitar

a house
el barrio

speaks
in tongues

brings back
the dead

makes
possible

dreaming
in the fields

ODA A DOLORES HUERTA

porque tú eras
la madre más
fuerte y dedicada

protestando contra
la injusticia social
y la nueva guerra

tus costillas
fueron rotas
en muchas partes

tu bazo fue
machacado
partido y tú fuiste

arrojada como
rosa cualquiera
al suelo de la calle

a macanazos
por la policía
de San Francisco.

pero Dolores—
tú sigues siendo
un clavel de mayo

en los labios
de nuestro pueblo
en aprecio y oración

ODE TO DOLORES HUERTA

because you were
the strongest
caring mother

protesting against
social injustice
and the new war

your ribs
were broken
many times over

your spleen
was smashed
split and you

were thrown
like any rose
to the ground

clubbed down
on the street
by the S.F.P.D.

but Dolores—
you remain
a May carnation

on the lips of our
people in prayer
and in praise

LOS ÁRBOLES SON POETAS

a los Escritores del Nuevo Sol
Sacramento, California

aquí
los árboles
son poetas

en otoño
les da
melancolía

tristes
mudan
de color

dramáticos
se deshacen
de sus hojas

todo el invierno
parecen
clamar:

"¡estamos
aquí muertos
de frío!"

muy frescos
se despiertan
un día

y pronto
les comienzan
a salir

versos
verdes
otra vez

TREES ARE POETS

to the Writers of the New Sun
Sacramento, California

up here
trees are
poets

in Fall
they turn
heavyhearted

gloomy
they change
colors

acting up
they let go
their leaves

all Winter
they seem
to cry out:

"we're
here dead
from cold!"

some day
they awake
so fresh

and soon
they start
coming up

with green
verses
once again

COMO HOJITA DE PASTO

mi color
mi lengua
mi tonal

no me
los pueden
arrebatar

me rehuso
a renegar de
mis antepasados

beber
de la copa
ponzoñosa

no tomaré
—repito—
no tomaré

el tren
con rumbo
a Auschwitz

ni trocaré
montañas por
un sendero cruel

para
llegar a
mi corazón

deben estar
dispuestos
a venir

a arrancármelo
directamente
de mi pecho

ante su paso
como hojita
de pasto

me paro
apuntando
a las estrellas

AS A BLADE OF GRASS

my color
my tongue
my soul

cannot
be stripped
from me

I refuse
to renounce
my ancestors

drink
from the cup
of poison

I will not
—I repeat—
I will not

get on
the next train
to Auschwitz

leave
the mountains
for a Trail of Tears

in order
to get to
my heart

they need
to come
ready

to rip it
right out
of my chest

I stand as
a tiny blade
of grass

on their track
pointing
to the stars

ASALTO	MUGGING
el silencio	silence
me agarra	grabs me
de la garganta	by the throat
muy rudo	very roughly
me levanta	raises me up
en el aire	in the air
no me deja	doesn't let me
ni una palabra	utter even one
enunciar	single word
"por favor	"please
déjame respirar"	let me breathe"
le quiero suplicar	I want to plead
pero el silencio	but silence
solo continúa	just keeps on
dándome golpes	pummeling me
parece proponerse	it seems set
en matarme	on killing me
de silencio	in silence

IV

ÁRBOL DE LA VIDA
TREE OF LIFE

ÁRBOL DE LA VIDA

a Vira y Hortensia Colorado, tras
ver una cerámica mesoamericana
localizada en el Museo Americano
de Historia Natural en Nueva York

al sagrado
Árbol de la Vida
damos gracias

nuestras madres
nos besaron Amor
en los párpados

nuestros padres
nos guiaron al Fuego
con su ejemplo

en la palma
de la mano
llevamos

los campos
los sueños
de nuestra aldea

nuestros tíos
los pájaros
nos enseñaron

el canto
la danza de nuestro
nacimiento y muerte

todos somos ramas
hojas del mismo
Árbol de la Vida

TREE OF LIFE

to Vira and Hortensia Colorado,
after a Mesoamerican pottery piece
located at the American Museum
of Natural History in New York

to the sacred
Tree of Life
we give thanks

our mothers
kissed us Love
on our eyelids

our fathers
led us to Fire
by example

on the palms
of our hands
we carry

the fields
the dreams
of our villages

our uncles
the birds
taught us

the song
the dance of
our birth and death

we all are branches
leaves of the same
Tree of Life

a Graciela B. Ramírez *en su LXXV cumpleaños*	*to Graciela B. Ramírez* *on her 75th birthday*
tres flores tres cuentas tres ofrendas	three flowers three counts three offerings
lleva en el pico tu águila	your eagle carries in its beak
tu *nahual* tu doble en el cielo	your *nahual* your double in the sky
Tonacatecutli *Tonacacihuatl* te bendicen	*Tonacatecutli* *Tonacacihuatl* bless you
le abren las cuatro direcciones	they open the four directions
al paso de tu *tonalli* en la tierra	to the path of your *tonalli* on the Earth
tus lágrimas ahora son piedras jades preciosas	your tears now are precious jade stones
400 estrellas te acompañan en tu vuelo	400 stars accompany you in your flight

Tepeyollotl
el Corazón
de la Montaña

te acobija
con el manto
de la Vía Láctea

sus fauces
de jaguar
te besan los pies

tú has traspasado
tres orillas
tres horizontes

ahora eres
una madre ceiba
andante

ahora eres
flor emplumada
que da luz

tu rostro es
reflejo del sol
del mar

ahora tú eres
in lak' ech—
el otro "yo" de todos

SacrAztlán, California

Tepeyollotl
the Heart
of the Mountain

covers you
with the mantle
of the Milky Way

his jaguar
jaws kiss
your feet

you have crossed
three shores
three horizons

now you are
a walking mother
ceiba tree

now you are
a feathered flower
giving light

your face
reflects the sun
the sea

now you are
in lak' ech—
the other "I" of all

SacrAztlán, California

SOL DE MEDIODÍA

a Mariana Yampolsky
(1923–2002)

antes de caer
dormido en
el séptimo día

Dios dijo:
que los ojos
puedan presentir

la omnipresencia
de colores a través
de toda mi creación

como plegarias
en blanco y negro
sobre papel

que los lentes
de las cámaras
tomen imágenes

del alma profunda
de las cosas más
sencillas de la vida

del valor
y la dignidad
de los más pobres

que las fotos sean
poemas de luz
y sombra—

MIDDAY SUN

to Mariana Yampolsky
(1923–2002)

before falling
asleep on
the seventh day

God said:
let the eyes
be able to sense

the omnipresence
of colors all over
my creation

as black and
white prayers
on paper

let the lenses
of cameras take
images

of the inner soul
of the simplest
things in life

the courage
and dignity
of the poorest

let photos be
poems of light
and dark—

inasibles momentos
tomados bajo un sol
de mediodía

que a los ojos
todos nunca dejen
de maravillar

fleeting
moments taken
under a midday sun

leaving
all eyes forever
in wonder

OTRO CURSO DE HISTORIA

si Moctezuma Xocoyotzin
siguiendo los consejos
de su muy sabio abuelo
el Rey-Poeta de Texcoco
el gran Nezahuacóyotl
hubiera abolido por fin
los sacrificios humanos
y en vez de corazones
y sangre hubiera ofrecido
chocolate a los dioses

si Moctezuma hubiera hecho
las paces con los tlaxcaltecas
que estaban cansados de ser
utilizados como enemigos
de práctica por los ejércitos
aztecas y en vez de demandar
agraviantes tributos de pueblos
Moctezuma hubiera trocado
el miedo y odio por un gobierno
de justicia y bienestar común

si Moctezuma hubiera en verdad
comprendido el significado
de las visiones de su primo
el Rey-Síquico Nezahuapilli
adviertiéndole sobre el futuro
y en vez de quedarse congelado
consumido por su popio pavor
hubiera discernido los signos
y los augurios como avisos
para reflexionar y tomar acción

ANOTHER COURSE OF HISTORY

if Moctezuma Xocoyotzin
following the advice
of his wise grandfather
the King-Poet of Texcoco
the great Nezahuacoyotl
had finally done away
with all human sacrifices
and instead of human hearts
and blood he had only offered
frother chocolate to the gods

if Moctezuma had also made
peace with the Tlaxcalans
who were weary of being
abused as enemy practice
targets by the Aztec armies
and instead of demanding
heavy tribute from peoples
Moctezuma had replaced
fear and hatred with a rule
of fairness and common good

if Moctezuma had really
understood the meaning
of the visions his cousin
King-Psychic Nezahuapilli
had told him about the future
and instead of being frozen
and consumed by fright
he had discerned the signs
and omens as warnings
for reflection and action

si Moctezuma hubiera tomado
medidas inmediatas al momento
de saber sobre extraños seres
barbados que habían naufragado
en las costas de Yucatán y hubiera
mandado traer a un sobreviviente
de ellos llamado Gonzalo Guerrero
quien había adoptado los modos
mayas para hacerlo su consejero
personal sobre toda extranjería

si Moctezuma hubiera tomado
un intenso curso sobre los modos
las fortalezas y las debilidades
de los españoles que de una isla
se alistaban a lanzar una invasión
a su reino de Anáhuac—la tierra
circulada por las aguas de mar—
él ya no se habría sorprendido
con los reportes de grandes navíos
surcando otra vez las costas del mar

si Moctezuma se hubiera asegurado
que una princesa leal náhuatl hablante
de varias lenguas nativas hubiera
sido mandada a los extanjeros para
servir de lengua a Hernán Cortés—
Malintzin en vez de ser una noble
joven que fue vendida en esclavitud
por su propia familia habría sido
los ojos y los oídos de Moctezuma
dando reportes secretos a los aztecas

if Moctezuma had taken
immediate steps upon first
learning of some strange
bearded beings shipwrecked
on the shores of Yucatán
sending for one of the white
survivors—Gonzalo Guerrero—
who adopted the Maya ways
and making him his personal
advisor on all foreign matters

if Moctezuma had then taken
a crash course in the ways
the strengths and weaknesses
of the Spanish who from one
of their islands were to launch
an invasion to his realm of Anáhuac
—the land bordered by seawater—
he wouldn't have been surprised
at hearing reports of big ships
again cruising along the seashore

if Moctezuma had made sure
that a loyal princess fluent
in many tongues was sent to
the foreigners to serve as tongue
and translator to Hernán Cortés—
Malintzin instead of being a noble
young woman sold into slavery
by her own family would have been
the eyes and ears of Moctezuma
sending secret reports to the Aztecs

si Moctezuma hubiera entendido
la codicia española por oro y plata
en vez de mandar dos enormes discos
y otros objetos de plata y oro puro
les habría mandado 400 cargas
del mejor cacao de Xoconochco—
un regalo más apropiado para seres
que aparecidos en el año Ce Ácatl
—Uno Caña—muchos consideraban
como emisarios del dios Quetzalcóatl

si Moctezuma le hubiera hecho caso
a la estrategia de su sobrino Cuauhtémoc
y vez de esperar la llegada del ejército
comandado por el capitán Cortés
Moctezuma hubiera mandado rápido
a Cuauhtémoc con un ejército azteca
suficiente para completamente rodear
a los invasores y hubiera seguido
dándoles tarros de chocolate con chile
como ofrendas sagradas a estos Barbados

el curso de la historia habría sido muy
distinto a ese que todos conocemos
quizás pueblos nativos de las Américas
habrían tenido tiempo para adoptar
lo mejor que Occidente les ofrecía
reteniendo muchos de sus buenos usos
para lograr su propia vía al desarrollo
como otras culturas enfrentadas a Occidente
quizás entonces los chocolates M&M
hoy significarían Moctezuma & Malintzin

if Moctezuma had understood
Spanish greed for gold and silver
instead of sending two huge disks
and other items of pure gold and silver
he would have sent 400 loads
of the best cacao of Xoconochco—
a more proper gift to these beings
who by showing up in the year
Ce Ácatl—One Reed—many took
for emissaries of the god Quetzalcóatl

if Moctezuma had paid attention
to his nephew Cuauhtémoc's strategy
and instead of waiting for the army
led by Captain Cortés to come to him
Moctezuma had immediately sent
Cuauhtémoc heading an Aztec army
big enough to surround the invaders
from all sides and had kept sending
mugs of chocolate flavored with chile
as sacred offerings to the bearded kings

the course of history would have been
very different from what we all know
maybe native peoples of the Americas
would have had time to adopt
the best the West had to offer them
retaining many of their good ways
finding their own path to development
like other cultures that faced the West
maybe then M&M chocolates nowadays
would stand for Moctezuma & Malintzin

MEXICO CITY BLUES

MEXICO CITY BLUES

a Alfred Arteaga
(1956–2008)

en tu memoria
empiezo a invocar
las cuatro direcciones

en medio de una
gran muchedumbre
junto al Zócalo

el lugar sacralizado
en el Templo Mayor
a Tlatecuhtli

—la gran deidad
hembra y varón
de la Tierra—

como nunca antes
me siento tan solo
tan abandonado

el humo de mi
ofrenda de copal
me pone a llorar

ahora soy otro herético
condenado que queman
atado a un poste aquí

to Alfred Arteaga
(1956–2008)

in your memory
I begin calling forth
the four directions

in the middle
of a large crowd
next to El Zócalo

the resting place in
El Templo Mayor
of Tlatecuhtli

—the great female
and male deity
of the Earth—

as never before
I feel so alone
so abandoned

the smoke from
my copal offering
makes me weep

I'm now another
condemned heretic
being burned at the stake

tras hacerme cruzar
la gran plaza montado
sobre un asno al revés

pero yo nunca nada
repudié—*hermanos*—
nada jamás confesé

yo solo soy uno más
anunciando la llegada
de la era del Nuevo Sol

after being paraded
backwards on a donkey
around the big plaza

but I never ever
recanted—*hermanos*—
I confessed nothing at all

I'm just one of many
announcing the coming
era of the New Sun

LOS PÁJAROS DE NUEVA YORK

los pájaros de Nueva York
viven en las cornisas
las chimeneas y los techos
arriba de los altos edificios

entre granito y cemento
todas las mañanas le cantan
loas de acción de gracias
al ocupado sol de verano

los pájaros de Nueva York
alucinados por las luces
citadinas se turnan para volar
las veinticuatro horas del día

en jaulas se mueren rápido
desconocen granos campestres
pero de desperdicios urbanos
son conocedores culinarios

los pájaros de Nueva York
hacen el amor volando
porque para ellos no hay
espacio reservado en el suelo

juegan a los encantados
entre las puntas de las torres
con sus alas se ríen del tráfico
de las avenidas de abajo

los pájaros de Nueva York
sueñan con ser poetas del aire
artistas que pintan con las patas
obras maestras que nadie ve

traviesos algunos se dejan caer
de picada como pilotos kamikazi
y bombardean a los ejecutivos
que gruñando cruzan Wall Street

los pájaros de Nueva York
son los más callejeros del mundo
los más desalmados y por eso
los más tiernos en el nido también

algunos cansados se estrellan
contra el cristal de las ventanas
que les impide entrar a oler
las frescas flores de los floreros

THE BIRDS OF NEW YORK

the birds of New York
live out on cornices
chimneys and roofs
on top of tall buildings

amid granite and cement
every morning they sing
thanksgiving chants to
the busy sun of Summer

the birds of New York
are confused by so many
city lights and take turns
flying around day and night

trapped in cages they die fast
they've never known wild grain
but they are true culinary
connoisseurs of city garbage

the birds of New York
make love in full flight
because there's no space
reserved for them on the ground

playing they chase each other
around the tips of towers
waving their wings they laugh at
the traffic of the avenues below

the birds of New York
dream of being poets of the air
artists that paint with their feet
masterpieces nobody sees

some mischievously dive
like kamikaze fliers
and bombard disgruntled
executives crossing Wall Street

the birds of New York are
the most streetwise in the world
the cruelest and yet in the nest
the tenderest of all as well

some grow tired and crash
against glass windows that prevent
them from entering and smelling
the fresh flowers in vases

MILAGRO DEL BRONX   BRONX MIRACLE

este mundo
puede romper
a cualquiera

pero muchas
familias aquí
florecen

manteniendo
su corazón
intacto

entre tanta
vasta y rota
devastación

this world
can break
anyone

but many
familias
here blossom

keeping
their hearts
whole

amid such
vast broken
devastation

EIRETLÁN*

al llegar	at theacht	upon arriving
besé	i dtír dhom	I kissed
las cinco	phógas	the five
heridas	cúig ghoin	wounds
de Irlanda	Éireann	of Ireland
la hierba	chrom an	the grass
comenzó	féar	began
a reírse	ar gháire	to laugh
verde	soilbhir	green
de gusto	glas	out of joy
el viento	gan smaoineamh	the wind
al mismo	rug	at the same
tiempo	an ghaoth	time
me tomó	ar	took me
de la mano	lámh liom	by the hand
mis pies	mo dhá chos	my feet
como dos	mar dhá	like two
serpientes	nathair	serpents
bendicieron	bheannaíodar	blessed
la tierra	an chríoch	the Earth

*Éiretlán is a combination of Éire, the old name of Ireland, and Aztlán, the homeland of the Aztecs. This poem was written upon arriving at the Dublin airport on March 14, 1992. It was originally written in Spanish and later translated into Gaelic by Irish poet Gabriel Rosenstock, and then into English by the author.

URGENT E-MAIL
TO
POET PHIL GOLDVARG

52 Short Stanzas
from
The 4 Directions
for
A Real-Life Hero

Obituary: Philip Goldvarg Was Poet, Social Activist

By Edgar Sánchez—Published Friday, June 18, 2004, in the *Sacramento Bee*

Philip M. Goldvarg, a poet who championed minority causes and human rights through his verses, died of a brain tumor in Sacramento Monday. He was 70.

Even as he fought his illness, Mr. Goldvarg joined in protests in the Sacramento area against everything from racism to mistreatment of farm workers.

Although he was Jewish, Mr. Goldvarg was particularly concerned with Latino issues. With a mix of English and Spanish, many of his poems bluntly described the plight of the poor—from the struggle of Mexico's Indian peasants to the battle for economic survival by California's underprivileged . . .

His wife, Helen Quintana, said Mr. Goldvarg was "a kind, gentle man" who respected all people. "Oh, my God, will he be missed!" she said. "But his poetry will live on . . ."

Philip Michael Goldvarg, an only child, was born in Minneapolis in 1934 and grew up in a racially mixed tenement in St. Paul. On his way home from the Hebrew school he attended, he was often beaten by neighborhood bullies for being Jewish.

Each time, Mr. Goldvarg was comforted by Latino neighbors who would treat his lumps and bruises before his parents returned from work, his wife said.

"He grew up with a lot of minorities," Quintana said. "He started knowing other ethnicities in a really positive, nurturing way."

He began composing poems at age 12.

On Jan. 3, 1994, Mr. Goldvarg and other local activists founded the Zapatista Solidarity Coalition of Sacramento. The group was created two days after leftist Zapatista rebels launched a brief but bloody armed rebellion in Chiapas, Mexico's poorest state. The rebels, who have since embraced less violent tactics, seek to improve living conditions for millions of impoverished Mexicans, many of them Indians.

For 10 years, the coalition has collected medicines, clothes and cash for Chiapas residents.

Also since 1994, Mr. Goldvarg had been a member of *Los Escritores del Nuevo Sol*, or The Writers of the New Sun, a group of local poets. "Most of us have other jobs, but we all love poetry," said Graciela B. Ramírez, a *Nuevo Sol* member and a retired CSUS professor. "Phil was the heart of our group."

I
OCELOTL
EARTH OF THE NORTH

I'm writing you
these lines
to complain

about
your unnerving
rare silence

this is the first
e-mail I have sent
in a long time

now I got
a brand-new
iMac computer

because my old
Power Mac
just died

the very day
I tried to open
my e-mail

after returning
from Argentina
on July 4

and came across
Graciela Ramírez's
sad message

to *los Escritores*
announcing your
June 14 passing

at first
I thought it was
the tears

of despair
anger clouding
my eyes

but soon
I realized
the screen

in front of me
was as blank
as I was

II
QUIAHUITL
FIRE OF THE EAST

I just cried on
and on for the real
fool I am

longing for one
of your piercing
gritos of *¡BASTA!*

I saw you again
walking around
the nurses' station

in the San Diego
hospital reciting
aloud your poems

just two days after
you had an open
head operation

hermano
you were a true
poet-prophet

willing to speak up
way out of tune
against the current

your poetry
and your life
were always true

to your selfless
commitment
to others

especially
the poorest
the neediest of all

—the indigenous
peoples of
las Américas—

you knew
no real limits
no ethnic divides

you walked your talk
and always spoke
la mera neta

III
ATL
WATER OF THE SOUTH

poetry for you
was an everyday
praxis of faith

all demanding
all consuming
all rewarding

a poem for you
was not a mere
abstraction

a poem for you
had flesh and bone
it cried and laughed

it often marched
alongside you
to political rallies

hermano
how many times
kinds of occasions

you were the first
in and the last out
cleaning after others

your poetry in action
really put all poets
to complete shame

you understood
the windy tongues
of many birds

with time
you became
a real *maestro*

of bilingual
code-switching
barrio poetics

carnal—you had
alma y corazón
de chicano

los jóvenes
te respetaban
como elder

IV
EHECATL
WIND OF THE WEST

for four months
I've mourned you
alone in silence

my old Mac couldn't
take it and refused
any more commands

all incoming e-mail
kept bouncing
like my heart

but today's our day
el 12 de Octubre
el Día de la Raza

as our *gente* celebrate
their resistance to
global colonization

we are set to honor
your exemplary
life and work

and no longer
can I contain
this long silence

I'm re-reading
and retrieving all
of your e-mails

you kept on sending
with your poems
messages and pleas

they always brought
a breath of spirit
y lucha to my days

hermano—for me
e-mail cannot be
the same without you

I'm sure
this urgent e-mail
I'm sending you

won't be left
unanswered
for long forever

October 12, 2004
La Raza / Galería Posada
Sacramento, California

TIEMPO PRESENTE

en poesía
todo ocurre
en el presente

MADRE Y MAR

Nuevo Puerto Vallarta,
México

Madre, volvemos
juntos a la Madre Mar
la matriz original

somos otra vez
células primordiales
medusas, peces

anfibios explorando
merodeando
la tierra virgen

Madre, noventa
años tienes y vuelves
a darme luz

oh Madre Mar
te llevamos en la sangre
en cada lágrima

Madre, contigo
tomádome de la mano
un niñito soy

PRESENT TENSE

in poetry
everything happens
in the present

MOTHER AND SEA

Nuevo Puerto Vallarta,
Mexico

Mother, we return
together to Mother Sea
the original womb

we are once again
primordial cells
jellyfishes, fishes

amphibians
exploring, entering
the virgin inland

Mother, you are ninety
years old and again
you give me life

o Mother Sea
we carry you in our blood
in each teardrop

Mother, with you
holding my hand
I am a little kid

TELEFONEMA

a mi padre
Jesús Pastor Alarcón
(1922–2003)
en Davis, California
el miércoles, 13 de mayo de 2003
alrededor de las 6:45 p.m.

I

el teléfono de mi casa timbra
justo cuando estoy por salir
me quedo primero inmóbil
sin saber lo que debo hacer

ya voy tarde a Sacramento
a una lectura mía de poesía
en vez de apurarme contesto
la llamada por alguna razón

es mi hermano Carlos
—el sacerdote—quien llama
desde la casa de mis padres
en Long Beach, California

"Papá ha insistido hoy
que contigo quiere hablar"
de pronto oigo una voz
familiar y rara a la vez:

"mijo, un gran favor
te quiero pedir a ti hoy;
quiero que me perdones
por todo el daño y el mal

les hice a ti y a la familia;
eso nunca fue mi intención"
esta es una conversación
nunca nos hemos permitido

PHONE CALL

to my father
Jesús Pastor Alarcón
(1922–2003)
in Davis, California
Wednesday, May 15, 2003
around 6:45 p.m.

I

my home phone rings
as I'm about to step out
at first I just freeze there
not knowing what to do

I'm late for a poetry reading
I'm due in Sacramento
and instead of just taking off
for some reason I take the call

it's my brother Carlos
—the priest—who is calling
from my parents' home
in Long Beach, California

"today *Papá* has insisted
he wants to talk to you"
suddenly I hear a voice
at once familiar and odd

"*mijo*, I want to ask you
a big favor for me today;
I want you to forgive me
for all the harm and wrong

I did to you and the family;
that was never my intention"
this is one conversation
we have never permitted

cuando balbuceo que no hay
ninguna necesidad de perdón
mi padre sin más me interrumpe:
"hijo, perdóname ¡por favor!"

las palabras de mi padre traen
la misma urgencia y lucidez
del agua que irrumpe represas;
son una voz de sangre, no tinta

sin decirlo, me está diciendo:
("hijo, cuenta cada ocasión
que te di toda mi bendición;
sí, ahora igual te toca a ti")

"perdóname, hijo, perdóname"
mi padre me vuelve a insistir
y yo me oigo gritar: "sí, Papá
te doy todo mi perdón y amor"

luego su tierno "gracias, hijo"
me convence aún más que él
al insistir en recibir mi perdón
es quien me da su bendición

II

mi padre luego con una voz
muy tranquila y clara dice:
"también te llamo porque
de ti me quería despedir"

por un momento que se alarga
el silencio nos une otra vez
"mijo, de esta mala racha
de veras ya no voy a salir"

mi padre está enunciado
sus palabras con gran cuidado
como si estas palabras antes
las hubiera hallado en sueños

when I mumble that there is
no need of any forgiveness
my father just cuts me short:
"*hijo*, forgive me, please!"

my father's words carry
the same urgency and lucidity
of water bursting flood dams;
they're a voice of blood, not ink

without saying it, he's saying:
("*hijo*, count every occasion
I gave you all my blessings;
yes, now it's your turn to do so")

"forgive me, *hijo*, forgive me"
my father insists to me again
and I hear myself shouting: "yes, *Papá*
I forgive you all with lots of love"

then his tender "*gracias, hijo*"
convinces me further that he
by insisting I forgive him
is really the one blessing me

II

my father in a very calm
clear voice tells me next:
"I'm also calling you because
I wanted to say good-bye"

for a lingering moment
silence brings us back together
"*mijo*, I'm not going to make it
come out alive from this bad rap"

my father is enunciating
his words with great care
as if these words had come
to him before in dreams

en vez de ponerse a quejar
de su espalda y otras dolencias
Papá me parece ahora más lúcido
consciente y sereno como nunca

tomo cada una de sus palabras
como si fueran cuerdas salvavidas
lanzadas de un lado desconocido
del gran muro de penas de la vida

"escucha, nada hay que temer
todo en la vida hay que agradecer"
lo oigo decir como si esta fuera
la última lección que en vida diera

y cuando le comienzo a decir
que en pocos días lo iré a ver
Papá se vuelve el sordo otra vez
y no oye lo que le quiero decir

luego tengo a mi hermano Carlos
en el teléfono quien de nuevo
me asegura que Papá está bien
que camina y pronto va a cenar

yo cuelgo y corro a mi coche
en el puente a Sacramento
recuerdo que hoy en cielo
un eclipse solar toma lugar

POSDATA

tras cenar y tal vez como quería
(junto con Mamá y su hijo menor)
mi padre tranquilo falleció ese día
sentado en su sillón viendo televisión

instead of his usual complaints
about his back and other pains
Papá now seems more lucid
aware and serene than ever

I hold onto each of his words
as if they were lifesaving ropes
thrown over an unknown side
of the long wailing wall of life

"listen, there's nothing to fear;
be thankful for everything in life"
I hear him telling me as if this
were his final lesson in life

and when I start to tell him that
I will see him in a few days
Papá suddenly goes deaf and
doesn't hear what I want to tell him

then I have my brother Carlos
on the phone and once again
he assures me *Papá* is fine
walking and will dine soon

I hang up and run to my car
on the causeway to Sacramento
I recall that today in the sky
a solar eclipse is taking place

POSTSCRIPT

after dinner and maybe as he wished
(next to *Mamá* and his youngest son)
my father quietly passed away that day
seated on his chair watching TV at home

PADRE

me siento
tan bendecido
por tu bendición

no hallo
las palabras
para bendecirte

FATHER

I feel
so blessed
by your blessing

I find
no words
to bless you

VÍA LÁCTEA

el Sol
es el padre

la Tierra
es la madre

la Luna
una querida tía

y las estrellas
unas locas vestidas
resplandecientes

MILKY WAY

the Sun
is the father

the Earth
is the mother

the Moon
a dearest aunt

and the stars
some flashy
queens in drag

¡VIVA LA VIDA!

a la memoria de Rodrigo Reyes (1945–1992)
tras Frida Kahlo

I

en vida
y muerte
fuiste el mismo

puerta abierta
mesa común
candil y trono

el bronceado
de tu Texas
adolescente

lo llevaste
en la piel
toda tu vida

para ti
no hubo límites
ni fronteras

si apuntabas
era siempre
a Veracruz

tu tierra
de leche
y miel

tu sueño
de noche
y día

de brazos
y piernas
entrelazados

predicador
del amor
sin cadenas

amante
de callejones
a media luz

socavador
de ignorantes
e hipocresías

hacedor
de milagros
sin igual

II

Don Quijote
de la Calle
Dieciséis

dondequiera
te robaban
el corazón

hermano
puente y fuente
poeta en flor

ante nada
y ante todo
director

de tu mejor
obra mayor:
tu vida

en ti
la pobreza
era dignidad

¿quién más
digno que tú
en La Misión?

un traje
de luces fue
siempre tu voz

melodiosa
y honda
como el agua

moreno bello
de cuerpo
y alma

constructor
de la esperanza
comprometida

semáforo
de la memoria
colectiva

de jotos
lesbianas
locas vestidas

III

cuánto
nos pesa
nos duele

tu vuelo
tu sueño
tu partida

nosotros
que tu pan
compartimos

y vino
bebimos
de tus manos

nosotros
tus amigos
acérrimos

que juntos
tantos libros
deshojamos

y uno a otro
nos rompíamos
los espejos

de ti
aprendimos
la lección

impacable
del celo
por la vida

porque nunca
te rendiste
de antemano

ni siquiera
ante tu propia
muerte

porque la vida
fue tu única
medida

y tú te saliste
casi siempre
con la tuya

IV

por eso
tu muerte
fue asoleada

de mañana
de nube
y cielo azul

ahora eres
un príncipe
en guayabera

que perfumado
espera inerme
su última cita

los besos
los llevas ya
en los bolsillos

de tu pantalón
memorioso
de ternuras

ahora
tu cama es
un campo florido

y trece carnales
trece de tus amigos
te rodeamos

te hablamos
te acariciamos
te bendecimos

te hacemos
fila hasta
plena calle

la luna llena
y una carroza
te esperan

al decirte adiós
Rodrigo, todos
nos abrazamos

tu muerte
nos vuelve a unir
como tu vida

Rodrigo Reyes, Chicano poet, teatrista,
cultural activist, was cofounder of GALA
(Gay Latino Alliance) and CURAS
(Comunidad Unida en Respuesta al AIDS/
SIDA), groundbreaking organizations. He
died of AIDS, surrounded by friends, at his
home in San Francisco in 1992.

BRACEROS

los más pobres
de los pobres—
los braceros

los trabajadores
que laboraban
con los brazos

los que dejaban
cuerpo y alma
en los campos

en los "traques"
en las fábricas
y los servicios

los engañados
por contratistas
y malos gobiernos

los padres e hijos
que abrazaban
a esposas y madres

las trabajadoras
del campo y casa
las braceras reales

las olvidadas
ahora recordadas
como los braceros

por brazos sudados
por abrazos amados
por ser tan humanas

BRACEROS

the poorest
of the poor—
los braceros

the labors
who worked
with their arms

the ones who left
body and soul
in the fields

in railroad tracks
in the service
and war industries

the deceived
by contractors
and bad governments

the fathers and sons
who would embrace
wives and mothers

the women working
in fields and at home
the real *braceras*

the forgotten
now remembered
just as *los braceros*

for their sweaty arms
for their loving embraces
for being so human

LETANÍA PARA CÉSAR CHÁVEZ

(1927–1993)

flor	voz	profeta
bandera	de los pobres	de la Tierra
águila	árbol	Prometida
del pueblo	de la esperanza	a los desposeídos
espina	predicador de	Moisés
lágrima	la desobediencia	Buda
sudor	civil sin violencia	Cristo
de frente	y la solidaridad	Quetzalcóatl
hijo mayor	riqueza	el humilde
de familia	en la pobreza	San Francisco
migrante	ternura	Juárez
mano del campo	en el desamparo	Zapata
huelga	camino	hoy
boicoteo	puente	calle
marcha	torre	escuela
puño levantado	puerta abierta	biblioteca
agua	espejo	llama viva
de manantial	ejemplo	encendida
ayuno	maestro	mientras
brisa del desierto	de maestros	haya Raza

LITANY FOR CÉSAR CHÁVEZ

(1927–1993)

flower	voice	prophet
flag	of the poor	of the Land
eagle	tree	Promised
of our people	of hope	to the disposed
thorn	preacher	Moses
teardrop	of nonviolence	Buddha
brow's	civil disobedience	Christ
sweat	and solidarity	Quetzalcóatl
a migrant	wealth	the humble
family's	in poverty	Saint Francis
elder son	tenderness	Juárez
field hand	amid despair	Zapata
strike	road	now
boycott	bridge	a street
march	tower	a school
fist in the air	open door	a library
spring	mirror	a burning
water	role model	light forever
fasting	a teacher's	as long as
desert breeze	teacher	there's *Raza*

MAUSOLEOS VIVOS

a Federico García Lorca (1898–1936)
y Roque Dalton (1935–1975), poetas asesinados
cuyos restos mortales aún se desconocen

oh sangrantes rosas rojas
dejadas pisoteadas, rotas
en tumbas sin marcar—

hemos recogido
sus preciosos restos
por entre la tierra

ahora los llevamos
dondequiera que vamos
dentro del corazón

mausoleos vivientes
donde sus memorias
nos dan perenne luz

sus cantos son espinas
punzando por siempre
carne y alma del mundo

LIVING MAUSOLEUMS

to Federico García Lorca (1898–1936)
and Roque Dalton (1935–1975), murdered poets
whose actual remains are still unknown

o bleeding red roses
left smashed, broken
on unmarked tombs—

we have gathered up
your precious remains
from the ground

now we carry them
wherever we go
within our hearts

living mausoleums
where your memories
give us eternal light

your words are thorns
piercing flesh and soul
of this world forever

BARRIO DE ANALCO

Santa Fe, Nuevo México

los adobes del
barrio más viejo
de esta nación
hablan náhuatl:

Analco
  Analco
—"Al otro lado
del río"

El Palacio Real
se estableció
en la ladera norte
del Río de Santa Fe

la ladera sur fue
el lugar asignado
donde la Raza
tenía que vivir

los tlaxcaltecas
los aliados indios
los sirvientes
los mestizos

el lomo
el músculo
las verdaderas
manos del imperio

en los muros
de San Miguel
—la iglesia más
antigua de esta tierra

aún puedo oír
tus oraciones
mitad náhuatl
mitad español

¿acaso sabías
que al ir al norte
regresabas
a Chicomoztoc

la tierra mítica
de las Siete Cuevas
—la patria original
del pueblo nahua?

estos son tus campos
las viejas acequias
que limpiabas
cada primavera

estos son los pisos
que a diario barrías
las vigas que
te daban techo

estas son las ollas
que se saben todavía
tus sabrosas recetas
para en casa cocinar

la ciudad entera
de tus mismos
sueños mestizos
con el tiempo surgió

BARRIO DE ANALCO

Santa Fe, New Mexico

the adobes of
the oldest barrio
in this nation
speak Nahuatl:

Analco
  Analco—
"On the Other Side
of the River"

El Palacio Real
was established
on the north side
of Río de Santa Fe

the south flank was
the place assigned
where la Raza
had to live

the Tlaxcalans
the Indian allies
the servants
the mestizos

the backbone
the muscle
the true hands
of the empire

on the thick walls
of San Miguel—
the oldest church
in this new land

I can still hear
your prayers
half in Nahuatl
half in Spanish

were you aware
that going north
you were returning
to Chicomoztoc

the mythical land
of the Seven Caves—
the original homeland
of the Nahua people?

these are your fields
the old irrigation ditches
you cleaned
every Spring

these are the floors
you swept daily
the beams that
gave you shelter

these are the pots
that still know
your tasty recipes
for home cooking

the whole city
is an outgrowth
of your own
Mestizo dreams

NUEVA CASA

en Nuevo México

puedo ver
mi nueva casa
de adobe
en un valle

junto al río
del norte
donde termina
el Camino Real

como
la Hacienda
de los Martínez
cerca de Taos

arisca
por fuera
hogareña
por dentro

muy fresca
en el verano
y tibia
en el invierno

sin ventanas
solo puertas
y un fogón
interior

con un patio
bien abierto
como el alma
al cielo

NEW HOME

in New Mexico

I can see
my new home
made of adobe
in a valley

by the northern
river where
the Camino Real
ends

like
the Martínez
Hacienda
near Taos

rough
on the outside
cozy
on the inside

very cool
in the Summer
and warm
in the Winter

no windows
just doors
and an interior
hearth

with a patio
—like the soul—
wide open
to the sky

y los picos
nevados
de las montañas
Sangre de Cristo

and the snowy
peaks of the
Sangre de Cristo
Mountains

NUEVO MÉXICO

NEW MEXICO

ni
nuevo

neither
new

ni
México

nor
Mexico

SUEÑO HECHO REALIDAD

del Este
al Oeste
del Norte
al Sur

como pétalos
de una rosa
como granos
de una mazorca

como puerta
y escalera
como techo
y cimiento

de esta casa
construida
de cal y arena
junto al mar

con letras
que deletrean
tu nombre
y el mío

diez
veinte años
en el futuro:
anoche

DREAM COME TRUE

from the East
to the West
from the North
to the South

as petals
of a rose
as kernels of
one ear of corn

as a door
and stairway
as rooftop
and foundation

of this house
built out of
lime and sand
by the sea

with letters
spelling
your name
and mine

ten
twenty years
from now—
last night

ODA A LA VENTANA   ODE TO THE WINDOW

naciste
una noche
llena de frío

you were
born during
a cold night

cuando todos
dormitaban
alrededor

when all
were sound
asleep around

del calor
de un hogar
ancestral

the hearth
of an ancestral
home

y un solitario
por insomnio
o curiosidad

and a solitary
sleepless and
curious one

en un muro
de lodo
excavó

prodding
a mud wall
excavated

un pequeño
agujero
al exterior

a small
peep hole
to the outside

y divisó
las estrellas
en su fulgor

and gazed at
the brilliance
of the stars

desde entonces
tú—ventana—
has sido ojo

since then
you—window—
are the eye

bien abierto
en la casa
del soñador

wide open
in the house
of the dreamer

REBELIÓN DE LAS MESAS

nos rehusamos
a seguir igual
como estamos
en cuatro patas

nuestros lomos
no pueden ser
ya ignorados ni
un momento más

somos mucho
más que solo
las vacas planas
de la cocina

como caballos
salvajes a saltos
nos quitaremos
todo este peso

una señal de
la **Madre Tierra**
es todo lo que
esperamos recibir

REBELLION OF THE TABLES

we refuse
to continue
like this
on all fours

our backs
can't be taken
for granted
any longer

we are much
more than just
the flat cows
of the kitchen

like wild horses
we will shake
and throw off
all our burden

a signal from
Mother Earth
is all we are
waiting for

MANOS

hoy escribo
con manos
sobre teclado

soplo polvo
rojo de alma
sobre manos

dentro
de cuevas
milenarias

oh manos
testimoniando
humanidad

no amarras
no fronteras
para estas manos

estrellas
digitales
de cinco picos

brillando
a través del tiempo
en la oscuridad

HANDS

now I write
with hands
on keyboard

I blow red
soul dust
over hands

inside
ancient
stone caves

o hands
bearing out
humanity

no bounds
no borders
for these hands

digital stars
of five
points

shining
through time
amid the darkness

GUERRA ES MUERTE

la guerra es
la razón
sin razón

la guerra es
es el terror
a gran escala

la guerra es
es lo que el mal
es para el bien

sin sentido
sin clave
sin cordura

sin leyes
inhumano
inmoral

cruel
desalmado
sin esperanza

la guerra es
una gran mentira
hecha verdad

la guerra es
un monstruo
devorador

la guerra es
una noche perenne
sin mediodía

un socavón
oscuro sin final
a la vista

que se alimenta
de la juventud
de las naciones

nos ciega
nos aciaga
nos niega

la guerra es
la bestia atroz
de la avaricia

la guerra es
un río de lágrimas
y desesperación

la guerra es
lo que la muerte
es para la vida

que justifica
hasta crímenes
contra la humanidad

banderas tendidas
enmascarando
fétreos como excusas

siempre hecha
a nombre nuestro
contra todos nosotros

WAR IS DEATH

war is
reason
gone mad

senseless
clueless
insane

war is
a big lie
posted as truth

a dark hole
with no end
in sight

war is
the atrocious
beast of greed

that justifies
even crimes
against humanity

war is
terror on a
grand scale

lawless
immoral
inhuman

war is
a devouring
monster

feeding
on the youth
of nations

war is
a river of tears
and despair

extended flags
masking caskets
as excuses

war is
what evil
is to good

ruthless
heartless
hopeless

war is
a perennial night
without midday

it blinds us
it pains us
it denies us

war is
what death
is to life

always waged
in our name
against us all

CARA/CORAZÓN/SOL

in ixtli in yollotl—
mi cara y corazón
son un solo tambor

in pochotl in ahuehuetl—
fuerte como la ceiba
longevo como el ahuehuete

in xochitl in cuicatl
dentro de mí llevo
un canto en flor

in quetzalli in tonatiuh
de mi boca sale un quetzal
liberado en vuelo al Sol

MAGIA

tras la noche más
larga ansiamos tener
dentro y fuera el Sol

adiós, oscuridad
días de noche, soledad
bienvenido, Amor—

con caricias, besos
vuelve en primavera
esta noche invernal

FACE/HEART/SUN

in ixtli in yollotl—
my face and heart are
just a single drum

in pochotl in ahuehuetl
strong and enduring as
the ceiba and ahuehuete tree

in xochitl in cuicatl
I carry inside me
a song in full bloom

in quetzalli in tonatiuh
I release a quetzal bird
from my mouth to the Sun

MAGIC

after the longest night
we are ready for the Sun
shining in and out

good-bye, darkness
nighttime days, loneliness—
welcome, Love—

with caresses and kisses
this Winter night turns
into warm Springtime

SALMONES

en sueños
regresamos
del mar

deseando
alcanzar
el río

que un día
nos vio
nacer

SALMON

in dreams
we return
from the sea

wanting
to reach
the river

where
we were
once born

POEMA

siempre hay
otro poema
por escribir

lo llevamos
con nosotros
noche y día

lo sentimos
en el viento
y con el sol

lo tenemos
en la punta
de la nariz

nos hace
reír y llorar
por igual

nos susurra
cantando
al oído:

"dame vida—
sí, comienza
a escribir . . ."

POEM

there is always
another poem
to be written

we carry it
with ourselves
day and night

we feel it
in the wind
and the sun

we have it
on the tip
of our noses

it makes us
laugh and cry
just the same

it whispers
singing to
our ears:

"give me life—
yes, begin
to write . . ."

UNA GRAN FAMILIA ONE BIG FAMILY

un párrafo	a paragraph
una página	a page
tal vez	perhaps
somos	we are
en este libro	in this book
sin fin—	with no end—
al final	at the end
todos somos	all of us
familia	are family

ACKNOWLEDGMENTS

The following poems were first published in the following books, journals and anthologies: "A Poet Is a River / Un poeta es un río" in *San Diego Poetry Annual: The Best Poem from Every Corner of the Region*, Garden Oak Press, San Diego, 2014; "Un poeta es un río / Poet Is a River" in *Anuario de Poesía de San Diego 2013-2014: Poemas bilingües de todos los rincones de nuestra región*, Garden Oak Press, San Diego, 2014; "Manifiesto poético / Poetic Manifesto" in *Frontera-Esquina, Revista Mensual de Poesía*, Año I, No. 7, Tijuana, Baja California, Mexico, 2012; "Poetic Manifesto" selected as "Editor's Choice" and published both in English and Hindi in *Kritya Poetry Journal*, January 2012, India; "Los árboles son poetas / Trees Are Poets" in *What Redwood Know: Poems from the California Parks*, Word Temple Press, Sonoma, California, 2011; "Poetic Manifest" in *Entering: The Davis Poetry Anthology*, edited by Davis Poet Laureate Allegra Silberstein, Davis, California, 2011; "Mexico City Blues" and "Eiretlán" in *Ce Uno One: Poems for the New Sun* by Francisco X. Alarcón, Swan Scythe Press 2010; "Three Poems" in *Song of the San Joaquin*, California Federation of Chaparral Poets, 2009; "Canto vivo / Life Song," "Encuentro / Encounter," "Lenguaje / Language," "Espejo / Mirror," "Naranja del deseo / Orange of Desire," "California in Granada / California in Granada," "Las calles lloran / The Streets Are Crying," "Voz sin voz / Voiceless Voice," "Sierra Nevada / Sierra Nevada," "Luna llorona / Weeping Moon" in *Lenguas en la frontera*, Escuela de Traductores de Toledo (UCLM) y Asociación ESLETRA, Toledo Spain, May 2008; "Canto vivo / Life Song," "Sal de la Tierra / Salt of the Earth," "Sabiduría / Wisdom," "Encuentro / Encounter," "El silencio / Silence" in *Cipactli*, 14, Fall 2007, Raza Studies, San Francisco State University; "Five Poems" in *Achiote Seeds*, Fall 2007; "Ecce Homo / Ecce Homo," "Sobreviviente," "Canto vivo / Life Song," "Sabiduría / Wisdom," "El silencio / Silence," "Hoy / Today," "Corazón Gitano / Gypsy Heart," "Dulce lengua / Sweet Tongue," "California en Granada / California in Granada," "Rosas moras / Moorish Roses," "Naranja del deseo / Orange of Desire," "Sierra Nevada / Sierra Nevada," "Otro curso de historia / Another Course of History" in *Siete escritores comprometidos: obra y perfil, Explicación de textos literarios*, Vol. 34, Anejo 1, Department of Foreign Languages, California State University, Sacramento, Fall 2006; "Urgent E-mail to

Poet Phil Goldvarg: 52 Short Stanzas from the 4 Directions for a Real
Life Hero" in *Poetry Now*, Sacramento Poetry Center, January 2006;
"Canto hondo / Deep Song," "Un poeta es un río / A poet is a River,"
"Los árboles son poetas / Trees Are Poets" in *Voices of the New Sun:
Poems and Stories / Voces del Nuevo Sol: Cantos y cuentos*, Escritores
del Nuevo Sol/ Writers of the New Sun, Aztlán Cultural, Sacramento,
California, 2004; "Éxodo personal / Personal Exodus," *Notre Dame
Review*, Num. 17, 2004; "Frontera / Border" in *California Poetry: From
the Gold Rush to the Present*, Santa Clara University/Heyday Books,
Berkeley, 2003; "Voz sin voz / Voiceless Voice," "Dulce lengua / Sweet
Tongue" in *La Calaca Review: Un Bilingual Journal of Pensamiento &
Palabra*, Calaca Press, San Diego, 2003;"Ecce Homo / Ecce Homo,"
"Sabiduría / Wisdom," "En el aire / On Air" in *Tundra: The Journal of
the Short Poem*, Num. 2, Foster City, California, 2001; "Dulce lengua"
in *Cruzando Puentes: Antología de literatura latina*, *Ventana Abierta*,
Vol. 3, Nos. 11-12, UC Santa Barbara, 2001; "Corazón gitano," "Árbol
de noche" in *Ventana abierta: Revista Latina, Cara al Siglo XXI*, Vol. 2.
No. 8, Primavera 2000, UC Santa Barbara, 2000; "Dialéctica del amor
/ Dialectics of Love" (an essay and twenty bilingual poems) in *Virgins
Guerrillas & Locas: Gay Latinos Writing about Love*, Cleis Press, San
Francisco, 1999; "Ecce Homo," "Sobreviviente / Survivor," "Ecuentro
/ Encounter," "Dialéctica del amor / Dialectics of Love," "Contigo /
With You," "Manejando a casa / Driving Home," "Noches frías / Cold
Nights," "Caliente / Horny," "Clímax / Climax," "Talento natural
/ Natural Talent," "Conocimiento común / Common Knowledge,"
"Canto hondo / Deep Song" in *Chicano/Latino Homoerotic Identities*,
Garland Reference Library of the Humanities, Vol. 2117, Latin
American Studies, Vol. 16, New York and London, 1999; "Los árboles
son poetas / Trees Are Poets," Las calles lloran / Streets Are Crying,"
"Frontera / Border" in *The Geography of Home: California's Poetry
of Place*, Heyday Books, Berkeley, California, 1999; "Sueño," "Ecce
homo," "Sobreviviente," "Sabiduría," "En el viento," "El silencio,"
"Espejo," "Dialéctica del amor," "Encuentro," "Contigo," "Noches
frías," "Continente," "Canto hondo" in *Los vasos comunicantes:
antología de poesía chicana*, Huerga y Fierro editores, Murcia, Spain,
1999.

The author wants to give special thanks to JoAnn Anglin for reviewing
the English version of the poems and to Graciela B. Ramírez for

doing the same for the Spanish version. He also want to give thanks to all the current and former members of Los Escritores del Nuevo Sol / The Writers of the New Sun, a writers' collective in Sacramento, California, co-founded by Francisco X. Alarcón and Arturo Mantecón in 1993, for their support throughout the years. Many of the poems in this collection were written during monthly workshop sponsored by this group.

ABOUT THE AUTHOR

Francisco X. Alarcón, award-winning Chicano poet and educator, was born in Los Angeles, grew up in Guadalajara, Mexico, and now lives in Davis, where he teaches at the University of California. He is the author of twelve volumes of poetry, including *Borderless Butterflies | Mariposas sin fronteras* (Poetic Matrix Press, 2014), *Ce • Uno • One: Poems for the New Sun* (Swan Scythe Press, 2010), *From the Other Side of Night: New and Selected Poems* (University of Arizona Press, 2002), *Sonnets to Madness and Other Misfortunes* (Creative Arts Book Company, 2001), *No Golden Gate for Us* (Pennywhistle Press, 1993), *Snake Poems: An Aztec Invocation* (Chronicle Books, 1992), *Of Dark Love* (Moving Parts Press, 1991 and 2001), and *Body in Flames* (Chronicle Books, 1990). He is the author of four acclaimed books of bilingual poems for children on the seasons of the year originally published by Children's Book Press, now an imprint of Lee & Low Books: *Laughing Tomatoes and Other Spring Poems* (1997), *From the Bellybutton of the Moon and Other Summer Poems* (1998), *Angels Ride Bikes and Other Fall Poems* (1999), and *Iguanas in the Snow and Other Winter Poems* (2001). He has published two other bilingual books for children: *Poems to Dream Together* (2005) and *Animal Poems of the Iguazú* (2008). He has received numerous literary awards and prizes for his works, including the American Book Award, the PEN Oakland–Josephine Miles Award, the Chicano Literary Prize, the Fred Cody Lifetime Achievement Award, a Jane Addams Honors Book award, and several Pura Belpré Honor Books awards by the American Library Association.